www.QuoraChinese.com

ESSENTIAL GUIDE TO CHINESE HISTORY

PART 17

THE GREAT LEAP FORWARD

大跃进

SECOND EDITION (LARGE PRINT)

学习简单的中国历史文化

QING QING JIANG

PREFACE

Welcome to the Chinese History series, a series dedicated to helping Mandarin Chinese learners improve Chinese reading skills. In this series, we will discover China's 5,000-year-old history. Each of the books will focus on one important ruling Chinese dynasty. The books contain numerous lessons in Mandarin Chinese. We start with a ruling dynasty specific preface (前言), a brief introduction to the dynasty or related themes, and continue to dig the important aspects of the ruling era, such as politics, economy, etc. in the form or chapters. Each book contains 5 to 10 chapters. For the readers' convenience, a comprehensive list of vocabulary has been provided at the beginning of each chapter. The pinyin for the Chinese text is provided after the main text. Further, to enforce deeper learning, the English interpretation of the Chinese text has been purposely excluded for the books. This would help the readers think deeply about the contents the way native Chinese think. In order to help the Chinese learner remember important characters, words, long words, idioms, etc., these entities have been purposely repeated throughout the book, and across the books in the series. Taken together, the books in Chinese History series will tremendously help readers improve their Chinese reading skills.

If you have any questions, suggestions, and feedbacks, feel free to let me know in the review or comments.

You can find more about China and Chinese culture on my Amazon homepage.

I blog at:

www.QuoraChinese.com

-Qing Qing 江清清

©2023 Qing Qing Jiang

All rights reserved.

ESSENTIAL GUIDE TO CHINESE HISTORY

ACKNOWLEDGMENTS

I am a blogger. It has been a long and interesting journey since I started blogging quite a few years ago.

The blogging passion enabled me to write useful contents. In particular, I have been writing about China, and its culture.

My passion in writing was supported by my friends, colleagues, and most importantly, the almighty.

I thank everyone for constantly inspiring me in my life endeavours.

CONTENTS

PREFACE 2
ACKNOWLEDGMENTS 4
CONTENTS 5
INTRODUCTION TO THE GREAT LEAP FORWARD (大跃进简介) 8
SYNOPSIS (简介) 12
CAUSE OF MOVEMENT (事件起因) 15
INITIAL GOAL (最初目标) 18
EMERGENCE OF MALPRACTICES (弊端初现) 23
RECTIFYING MISTAKES (纠正错误) 26
EVENT IMPACT (事件影响) 28

前言

　　"问题不仅仅是个人崇拜，而是使个人崇拜产生的制度。"1958年，是全民激昂的一年，也是多灾多难的一年。这一年，全国上下积极地搞生产，中国人民刚刚从帝国列强的压迫，封建阶级的统治，资本主义的剥削中刚刚缓过来，成立了中华人民共和国，确立了社会主义基本制度，充斥着对未来美好生活的无限遐想。然而，也正是这群充满着热情的中国人民，不知不觉中踏入了浮夸风的陷阱。上级领导害怕打击群众的积极性，国内百姓也是刚刚步入社会主义初级阶段，充满了对上级的信任，对美好生活的迫切期待，国内充斥着个人崇拜。于是就有了唯上不唯下，不敢说真话。这一社会现象在中国迅速泛滥，它给中国带来的灾难也不言而喻。这看似是中国历史上发生的一件偶然事件，但究其本质，又何尝不是偶然中的必然呢？接下来，请认真阅读后面内容，自己去探寻答案。

"Wèntí bùjǐn jǐn shì gèrén chóngbài, ér shì shǐ gèrén chóngbài chǎnshēng de zhìdù."1958 Nián, shì quánmín jī'áng de yī nián, yěshì duō zāi duō nàn de yī nián. Zhè yī nián, quánguó shàngxià jījí dì gǎo shēngchǎn, zhōngguó rénmín gānggāng cóng dìguó lièqiáng de yāpò, fēngjiàn jiējí de tǒngzhì, zīběn zhǔyì de bōxuè zhōng gānggāng huǎn guòlái, chénglìle zhōnghuá rénmín gònghéguó, quèlìle shèhuì zhǔyì jīběn zhìdù, chōngchìzhe duì wèilái měi hào shēnghuó de wúxiàn xiáxiǎng. Rán'ér, yě zhèng shì zhè qún chōng mǎn zháo rèqíng de zhōngguó rénmín, bùzhī bù jué zhōng tà rùle fúkuā fēng de xiànjǐng. Shàngjí lǐngdǎo hàipà dǎjí qúnzhòng de jījíxìng, guónèi bǎixìng yěshì gānggāng bù rù shèhuì zhǔyì chūjí jiēduàn, chōngmǎnle duì shàngjí de xìnrèn, duì měi hǎo shēnghuó de pòqiè qídài, guónèi chōngchìzhe gèrén chóngbài. Yúshì jiù yǒule wéi shàng bù wéi xià, bù gǎn shuō zhēn huà. Zhè yī shèhuì xiànxiàng zài zhōngguó xùnsù fànlàn, tā gěi zhōngguó dài lái de zāinàn yě bù yán ér yù. Zhè kàn sì shì zhōngguó lìshǐ shàng fāshēng de yī jiàn ǒurán shìjiàn, dàn jiū qí běnzhí, yòu hécháng bùshì ǒurán zhōng de bìrán ne? Jiē xiàlái, qǐng rènzhēn yuèdú hòumiàn nèiróng, zìjǐ qù tànxún dá'àn.

INTRODUCTION TO THE GREAT LEAP FORWARD (大跃进简介)

The Great Leap Forward (大跃进) was a movement launched by the Chinese Communist Party (中国共产党) in 1958 to try to rapidly develop the industrial and agricultural productions. The social movement was carried out across the country from 1958 to 1960.

In September 1957, at the Third Plenary Session of the Eighth Central Committee of the Communist Party of China (中共八届三中全会上), Mao Zedong (毛泽东) conveyed that the improvement of economic outlook required numerous steps to promote rapid industrialization and agricultural production. After the Third Plenary Session, the "National Agricultural Development Outline" (全国农业发展纲要) was adopted. After the meeting, most provinces and autonomous regions of China held meetings of party officials at all levels to convey and implement the spirit of the Third Plenary Session, thereby improving the industrial and agricultural production.

On October 27, 1957, the "People's Daily" 《人民日报》 published an editorial, which put forward the slogan of "Great Leap Forward" for the first time.

In May 1958, the Second Session of the Eighth National Congress of the Communist Party of China (八大二次会议) formally adopted resolutions -- to promote the Great Leap Forward movement-- such as

1. Identifying the general line of socialist construction (社会主义建设总路线),
2. The goal of catching up with the United Kingdom in 15 years,

3. The goal of completing the national agricultural development outline five years ahead of schedule,
4. The slogan (口号) of "working hard for three years and fundamentally changing the face/fate" (苦干三年, 基本改变面貌).

The May 1958 meeting formally adopted the general principles of reviving socialism as quickly, efficiently, and economically as possible.

After the meeting of May 1958, the "Great Leap Forward" movement was launched across the country. Basically, after the general guidelines were put forward, the Party launched the Great Leap Forward Movement.

In August 1958, the Political Bureau of the Central Committee of the Communist Party of China held an enlarged meeting (扩大会议) in Beidaihe (河北省秦皇岛市北戴河区), and determined a number of indicators for industrial and agricultural production.

The Great Leap Forward movement pursued rapid growth in production development as it aimed to achieve high industrial and agricultural growth targets. The output of major industrial and agricultural products were required to increase several times (even dozens of times), and in some cases, even exponentially.

For example, after the meeting of August 1958, the national steelmaking (全民炼钢) and rural people's commune movement (人民公社化运动) began. In order to achieve the annual steel output target of 10.7 million tons, tens of millions of people across the country launched the "National Steelmaking Movement" (全民大炼钢铁运动). "Take steel as the key link" (以钢为纲) was supposed to create the

"Great Leap Forward" in other industries. In agriculture, "take grain as the key link" (以粮为纲) was proposed. Ideas like "the brave the people are, the productive the land is" (人有多大胆，地有多大产) were constantly promoted. At the same time, transportation, post and telecommunications, education, culture, health and other undertakings also carried out the "National Campaign".

However, the main indicators of the plans formulated were too high (高指标). For example, the yields per mu of grain were overstated (拔高). The "Great Leap Forward" decided to establish people's communes in rural areas. This created a rush and impatience in economic work. In the Great Leap Forward, high targets, blind commands, false reports, and exaggeration prevailed. All localities put forward unrealistic goals of the Great Leap Forward of Industry and Agriculture. They one-sidedly pursued the rapid growth of industrial and agricultural production to greatly improve and revise the plan indicators.

Although the starting point of the movement was to change China's economic and cultural backwardness as soon as possible, it was impossible to quickly change the country's economic and cultural backwardness because of not following the objective economic laws.

The Great Leap Forward disrupted the order of the national economy, wasted a lot of manpower and material resources, caused a serious imbalance in the national economy, and caused great losses to the original goal of reviving socialistic goals.

Beginning in November 1958, the Central Committee of the Communist Party of China began to correct the problems in the Great Leap Forward movement. For example, the central government repeatedly proposed to adjust economic growth targets.

Although the movement was brought under control in mid-1959, it greatly damaged the national economy.

According to the official sources, nearly 1,500 people died in the three-year Great Leap Forward.

By the winter of 1960, the Party Central Committee began to correct mistakes and the Great Leap Forward movement was halted.

In January 1962, the enlarged Central Work Conference, attended by 7,000 people, summed up the experience and lessons of the Great Leap Forward, and carried out criticism (and self-criticism).

The "Great Leap Forward" was a serious mistake in China's efforts to rebuilding socialism. It ignored the well-established laws of economic development, while exaggerating the role of subjective will and subjective effort. No wonder, the industrial and agricultural productions were greatly damaged, which ultimately adversely affected the national economy and put the people's lives are in serious difficulties.

SYNOPSIS (简介)

1	大跃进	Dà yuèjìn	Great Leap Forward
2	指的是	Zhǐ de shì	Refer to
3	发生在	Fāshēng zài	Happen to; occur to; Occurs
4	当时	Dāngshí	Then; at that time; just at that moment; right away; at once; immediately
5	探索	Tànsuǒ	Explore; probe; exploration; searching
6	社会主义道路	Shèhuì zhǔyì dàolù	Socialist road
7	群众运动	Qúnzhòng yùndòng	Mass movement; mass campaign
8	经济建设	Jīngjì jiànshè	Economic construction
9	推进	Tuījìn	Push on; carry forward; advance; give impetus to
10	农业	Nóngyè	Agriculture; farming
11	其实	Qíshí	Actually; in fact; as a matter of fact; really
12	具有中国特色	Jùyǒu zhòng guó tèsè	With Chinese characteristics
13	社会主义	Shèhuì zhǔyì	Socialism
14	付出	Fùchū	Pay; expend
15	非常多	Fēicháng duō	A great many; a lot; quite some
16	艰辛	Jiānxīn	Hardships
17	明白	Míngbái	Clear; obvious; plain

18	资本主义国家	Zīběn zhǔyì guójiā	Capitalistic state; capitalist country
19	中国特色社会主义	Zhōngguó tèsè shèhuì zhǔyì	Socialism with Chinese characteristics; Chinese socialism; On socialism with Chinese characteristics
20	史无前例	Shǐwú qiánlì	There was no parallel in history; be unprecedented in the nation's history; unprecedented in history; without parallel in history
21	开创	Kāichuàng	Start; initiate; found; set up
22	前人	Qián rén	Predecessors; forefathers
23	中国人	Zhōngguó rén	Chinese
24	在黑暗中	Zài hēi'àn zhōng	In the dark
25	摸索	Mōsuǒ	Grope; feel about; fumble; try to find out
26	艰难险阻	Jiānnán xiǎnzǔ	Hardships and dangers; all difficulties and hazards
27	数不胜数	Shǔbù shèngshǔ	Beyond count; countless; too numerous to count
28	挫折	Cuòzhé	Setback; reverse; frustration; frustrate

Chinese (中文)

大跃进指的是发生在中国 1958 年~1960 年一个政治运动，这个运动是当时的中国为了探索建设社会主义道路的一个群众运动，加强经济建设，推进工业，农业生产。其实当时的中国为了建设具有中国特色的社会主义付出了非常多的努力，其中的艰辛也只有那个时代的人才能明白，当时的世界大部分国家都是资本主义国家，进行社会主义改革，建设中国特色社会主义的行动本来就是史无前例，开创性的。由于没有前人太多的经验，中国人一直都在黑暗中摸索一条属于中国的道路，这其中的艰难险阻数不胜数，就是在探索的过程中受到的一次挫折。

Pinyin (拼音)

Dà yuèjìn zhǐ de shì fāshēng zài zhōngguó 1958 nián ~1960 nián yīgè zhèngzhì yùndòng, zhège yùndòng shì dāngshí de zhōngguó wèile tànsuǒ jiànshè shèhuì zhǔyì dàolù de yīgè qúnzhòng yùndòng, jiāqiáng jīngjì jiànshè, tuījìn gōngyè, nóngyè shēngchǎn. Qíshí dāngshí de zhōngguó wèile jiànshè jùyǒu zhòng guó tèsè de shèhuì zhǔyì fùchūle fēicháng duō de nǔlì, qízhōng de jiānxīn yě zhǐyǒu nàgè shídài de rén cáinéng míngbái, dāngshí de shìjiè dà bùfèn guójiā dōu shì zīběn zhǔyì guójiā, jìnxíng shèhuì zhǔyì gǎigé, jiànshè zhōngguó tèsè shèhuì zhǔyì de xíngdòng běnlái jiùshì shǐwúqiánlì, kāichuàng xìng de. Yóuyú méiyǒu qián rén tài duō de jīngyàn, zhōngguó rén yīzhí dōu zài hēi'àn zhōng mōsuǒ yītiáo shǔyú zhōngguó de dàolù, zhè qízhōng de jiānnán xiǎnzǔ shǔbùshèngshǔ, jiùshì zài tànsuǒ de guòchéng zhōng shòudào de yīcì cuòzhé.

CAUSE OF MOVEMENT (事件起因)

1	毛泽东	Máozédōng	Mao Zedong, the founder of the People's Republic of China
2	发动	Fādòng	Start; launch; engine on; get started
3	顾名思义	Gùmíng sīyì	Seeing the name of a thing one thinks of its function; just as its name implies; as the term suggests
4	看出	Kàn chū	Make out; perceive; find out; be aware of
5	中国共产党	Zhōngguó gòngchǎndǎng	The Communist Party of China
6	中央委员会	Zhōngyāng wěiyuánhuì	Central committee
7	第三次	Dì sān cì	Third time
8	全体会议	Quántǐ huìyì	Full council; general conference; plenary conference; plenary meeting plenary session
9	讲话	Jiǎnghuà	Speak; talk; address
10	革命	Gémìng	Revolution; revolutionary
11	有一些	Yǒu yīxiē	Some; rather
12	我们的	Wǒmen de	Ours
13	做好	Zuò hǎo	Finish; complete
14	也许	Yěxǔ	Perhaps; probably; maybe
15	在未来	Zài wèilái	In the future; in future; In the next; Into the future
16	修改	Xiūgǎi	Revise; amend; alter; modify
17	总是	Zǒng shì	Always; invariably
18	要好	Yàohǎo	Be on good terms; be close

			friends
19	抓紧时间	Zhuājǐn shíjiān	Catch occasion by the forelock; take occasion by the forelock; make the best use of one's time
20	世界上	Shìjiè shàng	On earth
21	高产	Gāochǎn	High yield; high production
22	毛主席	Máo zhǔxí	Chairman Mao; Mao Tse-tung
23	在当时	Zài dāngshí	At that time; in those days; at the time
24	贫穷落后	Pínqióng luòhòu	Be poor and backward; impoverished and backward
25	上进	Shàngjìn	Go forward; make progress
26	只不过	Zhǐ bùguò	Only; just; merely; no more than
27	不可能	Bù kěnéng	Impossible
28	顺遂	Shùnsuì	(Of things) go well; go smoothly

Chinese (中文)

　　大跃进是由当时的主席毛泽东发动的人民生产建设运动，顾名思义，我们可以看出当时的中国人民对于想要进步的那种渴望是非常强烈的。1957 年 10 月 9 日，毛泽东在中国共产党第八届中央委员会的第三次全体会议上讲话，《做革命的促进派》，聊的内容是我们已经有一些经验了，并且我们的发展规划也做好了，虽然我们的规划可能不是特别的完善，也许在未来还需要修改，但是有一个规划总是比没有要好的，我们定了这个计划，就要抓紧时间去完成，要争做世界上第一高产的国家。其实毛主席的这番话是有一定道理的，在当时贫穷落后的中国，我们确实需要规划，需要上进，只不过缺乏了一些经验，不可能一路顺遂。

Pinyin (拼音)

Dà yuèjìn shì yóu dāngshí de zhǔxí máozédōng fādòng de rénmín shēngchǎn jiànshè yùndòng, gùmíngsīyì, wǒmen kěyǐ kàn chū dāngshí de zhōngguó rénmíng duìyú xiǎng yào jìnbù dì nà zhǒng kěwàng shì fēicháng qiángliè de.1957 Nián 10 yuè 9 rì, máozédōng zài zhōngguó gòngchǎndǎng dì bā jiè zhōngyāng wěiyuánhuì de dì sān cì quántǐ huìyì shàng jiǎnghuà,"zuò gémìng de cùjìn pài", liáo de nèiróng shì wǒmen yǐjīng yǒu yīxiē jīngyànle, bìngqiě wǒmen de fǎ zhǎn guīhuà yě zuò hǎole, suīrán wǒmen de guīhuà kěnéng bùshì tèbié de wánshàn, yěxǔ zài wèilái hái xūyào xiūgǎi, dànshì yǒu yīgè guīhuà zǒng shì bǐ méiyǒu yàohǎo de, wǒmen dìngle zhège jìhuà, jiù yào zhuājǐn shíjiān qù wánchéng, yào zhēng zuò shìjiè shàng dì yī gāochǎn de guójiā. Qíshí máo zhǔxí de zhè fān huà shì yǒu yīdìng dàolǐ de, zài dāngshí pínqióng luòhòu de zhōngguó, wǒmen quèshí xūyào guīhuà, xūyào shàngjìn, zhǐ bùguò quēfále yīxiē jīngyàn, bù kěnéng yīlù shùnsuì.

INITIAL GOAL (最初目标)

1	中共	Zhōnggòng	The Communist Party of China
2	全会	Quánhuì	Plenary meeting; plenary session; plenum
3	反冒进	Fǎn màojìn	Opposition to a risk policy; opposition to rash advance
4	经济发展	Jīngjì fāzhǎn	Economic development
5	纠正	Jiūzhèng	Correct; put right; redress; rectify
6	草案	Cǎo'àn	Draft; ground plan
7	全国	Quánguó	Nationwide; countrywide; the whole nation; the whole country
8	农业	Nóngyè	Agriculture; farming
9	最高国务会议	Zuìgāo guówù huìyì	The Supreme State Conference
10	讲话	Jiǎnghuà	Speak; talk; address
11	坚定	Jiāndìng	Firm; staunch; steadfast
12	主要内容	Zhǔyào nèiróng	Main Content; Main Contents; main
13	粮食产量	Liángshí chǎnliàng	Grain yield
14	产量	Chǎnliàng	Output; yield; throughput; harvest
15	其实	Qíshí	Actually; in fact; as a matter of fact; really
16	那时	Nà shí	At that time; then; in those days
17	湖北	Húběi	Hubei
18	孝感县	Xiàogǎn	Xiaogan county

		xiàn	
19	开始出现	Kāishǐ chūxiàn	Starting occurrence
20	高指标	Gāo zhǐbiāo	Setting unrealistic production targets; high target in production; overambitious targets
21	有一些	Yǒu yīxiē	Some; rather
22	浮夸风	Fúkuā fēng	Boastfulness; exaggerating the successes; exaggeration of production figures
23	紧接着	Jǐn jiēzhe	Immediately/right after
24	成都	Chéngdū	Chengdu (capital of Sichuan)
25	凉水	Liángshuǐ	Cold water; unboiled water
26	这时候	Zhè shíhòu	This time; at this point; At that moment
27	汉口	Hànkǒu	Hankou (city in Hubei)
28	插话	Chāhuà	Interpose; chip in
29	一再	Yīzài	Time and again; again and again; repeatedly
30	好大喜功	Hàodà xǐgōng	Like to do grandiose things to impress people; attempt to do something overambitious and unrealistic; be ambitious; crave after greatness and success
31	大话	Dàhuà	Big talk; tall talk; boast; bragging
32	不需要	Bù xūyào	No; not required
33	华而不实	Huá'érbùshí	Produce flowers but bear no fruits; be flashy without substance
34	轰轰烈烈	Hōnghōng lièliè	With vigor and vitality; on a grand and spectacular scale; vigorous; dynamic
35	无功而返	Wú gōng ér	Return without accomplishing

		fǎn	anything; a wild goose chase
36	当时	Dāngshí	Then; at that time; just at that moment; right away; at once; immediately
37	赶上	Gǎn shàng	Overtake; catch up with; keep pace with; emulate
38	和美	Héměi	Harmonious; gentle and graceful
39	余地	Yúdì	Leeway; margin; room; latitude
40	口号	Kǒuhào	Slogan; watchword; shibboleth
41	不变	Bù biàn	Invariant

Chinese (中文)

在 1957 年的 9 月，毛泽东在中共八届三中全会上提出 1956 年对经济工作中出现了"反冒进"，指的是在经济发展过程中对经济工作的过急情况的纠正。通过了八届三中全会通过了一个草案，这个草案是 1956 年~1967 年全国农业。

1957 年 10 月 13 日，毛主席又在最高国务会议的第 13 次会议上讲话，《坚定的相信众的大多数》，会议的主要内容是做了一些具体的规划，制定了粮食产量目标，钢的产量目标，这个目标定的非常的高。但其实那时还是符合实际的，并且也达到了目标。

1958 年 1 月。毛主席起草的党内指示《工作方法六十条(草案）》，那里面的湖北孝感县的联盟农业社的产量又开始出现高指标，有一些浮夸风了。紧接着在 1958 年的 3 月成都会议讲话。毛主席还是不希望给群众泼凉水。继续支持，但是其实这时候已经有一些忧虑了。1958 年 4 月在汉口会议上的讲话、插话，切主席这个时候非常的担心望达到高指标，但是又一再强调要务实，他认为生产高潮中要务实，不要搞空气，不实在，好大喜功是需要的，但大话是不需要的，华而不实是不好的，如果华而不实，喜功便会无功。不是喜大，而是喜小，结果会轰轰烈烈之后无功而返，这就不好了。当时的毛主席还定了目标，希望十年可以赶上英国，再有十年可以赶上美国，希望 25 年或者更多一点的时间能够赶上英国和美国，其实有牛的 5~7 年的余地。但是 15 年赶上英国的口号仍然不变。

Pinyin (拼音)

Zài 1957 nián de 9 yuè, máozédōng zài zhōnggòng bā jiè sān zhōng quánhuì shàng tíchū 1956 nián duì jīngjì gōngzuò zhòng chūxiànle "fǎn màojìn", zhǐ de shì zài jīngjì fāzhǎn guòchéng zhōng duì jīngjì gōngzuò deguò jí qíngkuàng de jiūzhèng. Tōngguòle bā jiè sān zhōng quánhuì tōngguòle yīgè cǎo'àn, zhège cǎo'àn shì 1956 nián ~1967 nián quánguó nóngyè.

1957 Nián 10 yuè 13 rì, máo zhǔxí yòu zài zuìgāo guówù huìyì de dì 13 cì huìyì shàng jiǎnghuà,"jiāndìng de xiāngxìn zhòng de dà duōshù", huìyì de zhǔyào nèiróng shì zuòle yīxiē jùtǐ de guīhuà, zhìdìngle liángshí chǎnliàng mùbiāo, gāng de chǎnliàng mùbiāo, zhège mùbiāo dìng de fēicháng de gāo. Dàn qíshí nà shí háishì fúhé shíjì de, bìngqiě yě dádàole mùbiāo.

1958 Nián 1 yuè. Máo zhǔxí qǐcǎo de dǎng nèi zhǐshì "gōngzuò fāngfǎ liùshí tiáo (cǎo'àn)", nà lǐmiàn de húběi xiàogǎn xiàn de liánméng nóngyè shè de chǎnliàng yòu kāishǐ chūxiàn gāo zhǐbiāo, yǒu yīxiē fúkuā fēngle. Jǐn jiēzhe zài 1958 nián de 3 yuè chéngdū huìyì jiǎnghuà. Máo zhǔxí háishì bù xīwàng gěi qúnzhòng pō liángshuǐ. Jìxù zhīchí, dànshì qíshí zhè shíhòu yǐjīng yǒu yīxiē yōulǜle.1958 Nián 4 yuè zài hànkǒu huìyì shàng de jiǎnghuà, chāhuà, qiè zhǔxí zhège shíhòu fēicháng de dānxīn wàng dádào gāo zhǐbiāo, dànshì yòu yīzài qiángdiào yào wùshí, tā rènwéi shēngchǎn gāocháo zhòng yào wùshí, bùyào gǎo kōngqì, bù shízài, hàodàxǐgōng shì xūyào de, dàn dàhuà shì bù xūyào de, huá'érbùshí shì bù hǎo de, rúguǒ huá'érbùshí, xǐ gōng biàn huì wú gōng. Bùshì xǐ dà, ér shì xǐ xiǎo, jiéguǒ huì hōnghōnglièliè zhīhòu wú gōng ér fǎn, zhè jiù bù hǎole. Dāngshí de máo zhǔxí hái dìngle mùbiāo, xīwàng shí nián kěyǐ gǎn shàng yīngguó, zài yǒu shí nián kěyǐ gǎn shàng měiguó, xīwàng 25 nián huòzhě gèng duō yīdiǎn de shíjiān nénggòu gǎn shàng yīngguó hé měiguó, qíshí yǒu niú de 5~7 nián de yúdì. Dànshì 15 nián gǎn shàng yīngguó de kǒuhào réngrán bù biàn.

EMERGENCE OF MALPRACTICES (弊端初现)

1	会议	Huìyì	Meeting; conference
2	发表	Fābiǎo	Publish; report; deliver; project
3	讲话	Jiǎnghuà	Speak; talk; address
4	中国共产党	Zhōngguó gòngchǎndǎng	The Communist Party of China
5	第二次	Dì èr cì	Second time
6	还没有	Hái méiyǒu	Not yet
7	意识到	Yìshí dào	Realize; be conscious/aware of
8	浮夸风	Fúkuā fēng	Boastfulness; exaggerating the successes
9	题目	Tímù	Title; subject; topic; exercise problems
10	十分	Shífēn	Very; fully; utterly; extremely
11	标题	Biāotí	Title; headline; heading; head
12	两年	Liǎng nián	Years; Two years; For two years.
13	其实	Qíshí	Actually; in fact; as a matter of fact; really
14	产量	Chǎnliàng	Output; yield; throughput; harvest
15	乐观	Lèguān	Optimistic; hopeful; sanguine; hope for the best
16	造就	Zàojiù	Bring up; train
17	看法	Kànfǎ	A way of looking at a thing; perspective; view
18	一再	Yīzài	Time and again; again and again; repeatedly
19	追问	Zhuīwèn	Question closely; make a detailed inquiry; examine minutely

20	座谈	Zuòtán	Have an informal discussion
21	打包票	Dǎbāo piào	Vouch for; guarantee; say for certain
22	不知道	Bù zhīdào	A stranger to; have no idea; I don't know; No
23	此时	Cǐ shí	This moment; right now; now; at present
24	早已	Zǎoyǐ	Long ago; for a long time
25	脱离	Tuōlí	Separate oneself from; break away from; be divorced from

Chinese (中文)

1958年5月8日，毛泽东在八大二次会议上发表讲话，以及5月20日毛泽东在中国共产党第八次全国代表大会第二次会议上讲话。都还没有意识到，已经有点浮夸风了。甚至毛泽东将报告的题目改成了一个十分醒目的标题，《两年超过英国》，并且他认为超过英国不是15年，也不是七年，只需要两~3年，两年是可能的，其实毛泽东对钢产量乐观才造就了他的这种看法。而毛主席为什么对于钢产量那么乐观，是因为他一再追问座谈人员，当时的座谈人员都打包票说没有任何问题，其实毛主席不知道，此时的他们早已脱离了实际。

Pinyin (拼音)

1958 Nián 5 yuè 8 rì, máozédōng zài bādà èr cì huìyì shàng fābiǎo jiǎnghuà, yǐjí 5 yuè 20 rì máozédōng zài zhōngguó gòngchǎndǎng dì bā cì quánguó dàibiǎo dàhuì dì èr cì huìyì shàng jiǎnghuà. Dōu hái méiyǒu yìshí dào, yǐjīng yǒudiǎn fúkuā fēngle. Shènzhì máozédōng jiāng bàogào de tímù gǎi chéngle yīgè shífēn xǐngmù dì biāotí,"liǎng nián chāoguò yīngguó", bìngqiě tā rènwéi chāoguò yīngguó bùshì 15 nián, yě bùshì qī nián, zhǐ xūyào liǎng ~3 nián, liǎng nián shì kěnéng de, qíshí máozédōng duì gāng chǎnliàng lèguān cái zàojiùle tā de zhè zhǒng kànfǎ. Ér máo zhǔxí wèishéme duìyú gāng chǎnliàng nàme lèguān, shì yīnwèi tā yīzài zhuīwèn zuòtán rényuán, dāngshí de zuòtán rényuán dōu dǎbāo piào shuō méiyǒu rènhé wèntí, qíshí máo zhǔxí bù zhīdào, cǐ shí de tāmen zǎoyǐ tuōlíle shíjì.

RECTIFYING MISTAKES (纠正错误)

1	直到	Zhídào	Until
2	转折	Zhuǎnzhé	A turn in the course of events; transition
3	地委	De wěi	Prefectural Party committee
4	副书记	Fù shūjì	Deputy secretary
5	其他	Qítā	Other; else
6	领导	Lǐngdǎo	Lead; exercise leadership; leadership; leader
7	一起去	Yīqǐ qù	Come along; go along with
8	田间	Tiánjiān	Field; farm
9	视察	Shìchá	Inspect; visitation; review
10	找到了	Zhǎodàole	Eureka; Found; find
11	红薯	Hóngshǔ	Sweet potato
12	出来	Chūlái	Come out; emerge
13	预期	Yùqí	Expect; anticipate
14	产量	Chǎnliàng	Output; yield; throughput; harvest
15	完全不	Wánquán bù	Deuce a bit; not... at all
16	时候	Shíhòu	Time
17	明白	Míngbái	Clear; obvious; plain
18	自己的	Zìjǐ de	Self
19	实在	Shízài	True; real; honest; dependable; well-done; done carefully
20	根本不	Gēnběn bù	Not at all
21	大跃进运动	Dà yuèjìn yùndòng	The Great Leap Forward Movement
22	走向	Zǒuxiàng	Run; trend; alignment; move towards
23	失败	Shībài	Be defeated; lose; fail; come to

24	伟大	Wěidà	Great; mighty
25	社会主义	Shèhuì zhǔyì	Socialism
26	留下	Liú xià	Leave; keep; stay; remain
27	宝贵	Bǎoguì	Valuable; precious
28		Zhídào	
29		Zhuǎnzhé	

Chinese (中文)

直到 1958 年的 7 月，毛泽东转批了一封信，才迎来了新的转折。毛泽东和地委副书记王林以及其他的领导一起去田间视察，他们找到了一块红薯地挖了出来，发现种出的红薯跟预期的产量完全不符，这个时候才明白，自己的目标定的实在是太大了，太高了，根本不符合科学依据。所以最后大跃进运动走向了失败。虽然大跃进失败了，但这几次伟大的探索实践却为社会主义的发展建设留下了宝贵的经验。

Pinyin (拼音)

Zhídào 1958 nián de 7 yuè, máozédōng zhuǎn pīle yī fēng xìn, cái yíng láile xīn de zhuǎnzhé. Máozédōng hé de wěi fù shūjì wáng lín yǐjí qítā de lǐngdǎo yīqǐ qù tiánjiān shìchá, tāmen zhǎodàole yīkuài hóngshǔ de wāle chūlái, fāxiàn zhǒng chū de hóngshǔ gēn yùqí de chǎnliàng wánquán bùfú, zhège shíhòu cái míngbái, zìjǐ de mùbiāo dìng de shízài shì tài dàle, tài gāole, gēnběn bù fúhé kēxué yījù. Suǒyǐ zuìhòu dà yuèjìn yùndòng zǒuxiàngle shībài. Suīrán dà yuèjìn shībàile, dàn zhè jǐ cì wěidà de tànsuǒ shíjiàn què wèi shèhuì zhǔyì de fā zhǎn jiànshè liú xiàle bǎoguì de jīngyàn.

EVENT IMPACT (事件影响)

1	打乱	Dǎ luàn	Disorganize; throw into confusion; upset
2	国民经济	Guómín jīngjì	National economy
3	秩序	Zhìxù	Order; sequence
4	浪费	Làngfèi	Waste; squander; dissipate; wanton
5	人力物力	Rénlì wùlì	Manpower and material resources
6	社会主义建设	Shèhuì zhǔyì jiànshè	Socialist construction
7	挫折	Cuòzhé	Setback; reverse; frustration; frustrate
8	担当	Dāndāng	Take on; undertake; assume
9	及时	Jíshí	Timely; in time; seasonable; promptly
10	意识到	Yìshí dào	Realize; be conscious/aware of
11	自己	Zìjǐ	Oneself; of one's own side; closely related
12	目标	Mùbiāo	Target; objective; goal; aim
13	指挥	Zhǐhuī	Command; direct; conduct; commander
14	理论	Lǐlùn	Theory
15	错误	Cuòwù	Wrong; mistaken; incorrect; erroneous
16	更改	Gēnggǎi	Change; alter; alteration
17	中国特色	Zhōngguó tèsè	Chinese characteristics; distinct Chinese

			characteristics; Characteristic China; Chinese Way
18	社会主义	Shèhuì zhǔyì	Socialism
19	宝贵	Bǎoguì	Valuable; precious
20	经验	Jīngyàn	Experience; go through
21	教训	Jiàoxùn	Lesson; moral
22	还是	Háishì	Still; nevertheless; all the same
23	中国特色社会主义	Zhōngguó tèsè shèhuì zhǔyì	Socialism with Chinese characteristics; Chinese socialism; On socialism with Chinese characteristics
24	稳扎稳打	Wěnzhā wěndǎ	Stand firm and fight steadily; go about things steadily and surely; go ahead steadily and strike sure blows; play for safety
25	走向	Zǒuxiàng	Run; trend; alignment; move towards
26	辉煌	Huīhuáng	Brilliant; splendid; glorious; magnificent

Chinese (中文)

大跃进打乱了国民经济秩序，浪费了大量的人力物力，造成了国际经济比例失调，所以使社会主义建设遇到了一些挫折。担当，及时意识到了自己高目标下指挥的理论性错误，及时更改，为建设中国特色的社会主义提供了非常宝贵的经验教训，还是中国特色社会主义稳扎稳打走向现在的辉煌。

Pinyin (拼音)

Dà yuèjìn dǎ luànle guómín jīngjì zhìxù, làngfèile dàliàng de rénlì wùlì, zàochéngle guójì jīngjì bǐlì shītiáo, suǒyǐ shǐ shèhuì zhǔyì jiànshè yù dàole yīxiē cuòzhé. Dāndāng, jíshí yìshí dàole zìjǐ gāo mùbiāo xià zhǐhuī de lǐlùn xìng cuòwù, jíshí gēnggǎi, wèi jiànshè zhōngguó tèsè de shèhuì zhǔyì tígōngle fēicháng bǎoguì de jīngyàn jiàoxùn, háishì zhōngguó tèsè shèhuì zhǔyì wěnzhāwěndǎ zǒuxiàng xiànzài de huīhuáng.

www.QuoraChinese.com

www.ingramcontent.com/pod-product-compliance
Lightning Source LLC
LaVergne TN
LVHW062002070526
838199LV00060B/4235